Nicola Amato

La sicurezza delle informazioni nel contesto evolutivo del binomio comunicazione-informatica

Nuova edizione riveduta ad aprile 2022

Casa Editrice:

Amazon Independently Published

Codice ISBN della versione cartacea: 9781976964862

Sommario

Introduzione

Cosa vuol dire "La sicurezza delle informazioni nel contesto evolutivo del binomio comunicazione-informatica"?

Significa che sostanzialmente oggigiorno è necessario considerare la sicurezza delle informazioni in un'ottica più ampia che includa la comunicazione. Infatti, non ci si può esimere dal parlare di comunicazione quando si ha a che fare con la sicurezza delle informazioni, perché comunicare, in buona sostanza, vuol dire trasmettere delle informazioni. Pertanto, le informazioni sono la materia prima della comunicazione, e parlare quindi di sicurezza delle informazioni vuol dire anche parlare di sicurezza della comunicazione stessa.

In questo libro affronteremo un viaggio alla scoperta della sicurezza delle informazioni e dell'evoluzione delle tecnologie informatiche, in piena sinergia con lo sviluppo della comunicazione e delle sue modalità espressive. Ampio risalto sarà dato inoltre alla crittografia e ai suoi metodi per occultare le informazioni al fine di garantire la sicurezza della comunicazione.

Inoltre, ci sarà spazio per parlare delle tecniche elusive della comunicazione, dove la steganografia la fa da padrone.

Il modello espositivo adottato è orientato a facilitare la comprensione dei concetti generali con esposizioni chiare, semplici, intuitive e con l'apporto di diversi esempi esplicativi. Le nozioni tecniche sono ridotte all'osso e all'indispensabile. Tutto ciò è stato fatto per rendere la sicurezza informatica, i cui concetti sono spesso ostici ai più, comprensibili a tutti e in questo modo sdoganarli dalla stretta cerchia degli esperti del settore, per renderli fruibili anche dai neofiti. Per questo motivo si è preferito esporre pochi concetti e in maniera basilare, per fare in modo che fossero davvero alla portata di tutti.

In definitiva, questo è un libro i cui contenuti esulano deliberatamente dagli approfondimenti tecnici, proprio per lasciare spazio ai concetti basilari che, essendo espressi in maniera semplificata, possono essere tranquillamente letti e compresi da una vasta audience che va dalle persone in età adolescenziale sino alle persone più adulte che, anche se poco consone all'utilizzo delle tecnologie informatiche, vogliono comunque comprendere il funzionamento del mondo della sicurezza informatica senza perderne di vista i concetti basilari.

Non mi resta che augurarvi buona lettura.

Nicola Amato

1. L'importanza della sicurezza delle informazioni

Percorrendo la storia dell'umanità sono moltissimi gli episodi in cui le sorti di una vita, o addirittura di un popolo intero, sono dipese da sicurezza e segretezza impiegate nelle comunicazioni. Evitare che informazioni sensibili venissero scoperte o cadessero accidentalmente in mani sbagliate era, ed è tuttora, una continua lotta tra chi inventa metodi sempre più sofisticati per nascondere informazioni e chi, con le sole armi dell'intelligenza, fa di tutto per violarne la segretezza.

Dalle origini ad oggi, l'evoluzione delle tecniche di occultamento delle informazioni non solo è andata di pari passo con le scoperte scientifiche ma è stata al tempo stesso punto di partenza e motore di molti dei risultati ottenuti del progresso tecnologico, accelerandone notevolmente i tempi di sviluppo: basti pensare al chiaro esempio della velocità con cui si sono diffusi i computer.

In un mondo in cui l'informazione è diventata la materia prima più preziosa, l'importanza di nasconderne la circolazione o di proteggerne la riservatezza è andata via via aumentando; e mentre un tempo poteva essere considerata una precauzione destinata a pochi casi limite, oggi il bisogno di riservatezza è più che mai vicino alla vita di tutti. Ogni giorno telefonate, messaggi di posta elettronica o transazioni di qualunque genere attraversano regioni, paesi, continenti, in luoghi potenzialmente esposti al rischio di intercettazione, con inevitabili conseguenze che possono mettere a repentaglio la nostra privacy.

Entriamo ora un po' più nello specifico del concetto di sicurezza informatica parlando innanzitutto di ciò che si propone di fare e come viene attuata. Iniziamo col dire che la sicurezza informatica ha come obiettivi quattro elementi sostanziali:

1. Il controllo del diritto di accesso alle informazioni;

2. La protezione delle risorse da danneggiamenti volontari o involontari;

3. La protezione delle informazioni mentre esse sono in transito sulla rete;

4. La verifica dell'identità dell'interlocutore, in particolare la certezza che sia veramente chi dice di essere.

Ovviamente, per creare le condizioni ottimali di sicurezza bisogna prima analizzare chi può attaccare il sistema, perché lo fa e cosa cerca; inoltre, quali sono i punti deboli del sistema, e quanto costa la sicurezza rispetto al valore da proteggere e rispetto al valore dei danni causati; infine, con quale cadenza gli apparati/sistemi di sicurezza vengono aggiornati.

Nell'ambito poi di quest'analisi, ci sono ulteriori elementi da considerare in un progetto di sicurezza informatica, quali i beni da proteggere, le minacce, gli agenti, la vulnerabilità, i vincoli, le misure di protezione. Sono tutti elementi che qualsiasi azienda deve raccogliere nel documento di Risk Analysis che consente di conoscere qual è il rischio di subire danni al proprio sistema informatico e, di conseguenza, di preparare una mappa delle possibili contromisure da adottare[1].

Concludiamo infine citando il Vulnerability Assesment[2] che permette di raccogliere informazioni sul sistema informatico tramite la registrazione dei potenziali problemi di sicurezza individuati. Il Vulnerability Assessment, in sostanza, è un'analisi di sicurezza che ha come obiettivo l'identificazione di tutte le vulnerabilità potenziali dei sistemi e delle applicazioni valutando il danno potenziale che l'eventuale pirata informatico può infliggere all'unità produttiva. Per cui, effettuare un Vulnerability Assessment consente di scoprire se la nostra azienda o il sito Web presentino vulnerabilità che potrebbero mettere a rischio attacco informatico il prezioso patrimonio informativo.

Si decide poi di proseguire con il Penetration Test per controllare la sicurezza del sistema informatico aziendale con una serie di attacchi mirati alla ricerca di problemi di sicurezza.

Ma vediamo meglio di cosa si tratta.

Il penetration test, o informalmente pen test, è il processo operativo di analisi o valutazione della sicurezza di un sistema informatico o di una rete che viene effettuato sui propri sistemi al fine di assicurarsi che sia impenetrabile da eventuali hacker informatici, e per individuare eventuali punti deboli del proprio

---

[1] Maggiori informazioni sull'analisi del rischio e le misure da adottare in caso di disastri o attacchi alle infrastrutture informatiche possono essere reperite sul libro "Guida alle strategie di backup dei dati", dello stesso autore, reperibile su Amazon.

[2] Per Vulnerability Assessment si intende quel processo finalizzato a identificare e classificare i rischi e le vulnerabilità, in termini di sicurezza, dei sistemi informativi aziendali.

sistema da cui un malintenzionato potrebbe trarne beneficio per attaccare il sistema.

In pratica, si prova a penetrare in tutti i modi nel sistema informatico simulando i metodi truffaldini che utilizzerebbe un malintenzionato, per vedere se la sicurezza che è stata applicata al sistema regge gli attacchi informatici.

Condotto su più fasi dal punto di vista di un potenziale attaccante simulando l'attacco informatico di un utente malintenzionato, il penetration test consiste dunque nello sfruttamento delle vulnerabilità rilevate aiutando a determinare se le difese del sistema sono sufficienti o se invece sono presenti altre vulnerabilità, elencando in questo caso quali difese il test ha sconfitto.

Il test ha dunque come obiettivo quello di evidenziare le debolezze della piattaforma fornendo il maggior numero di informazioni sulle vulnerabilità che ne hanno permesso l'accesso non autorizzato, fornendo una stima chiara sulle capacità di difesa e del livello di penetrazione raggiunto nei confronti:

- delle vulnerabilità interne al sistema;

- delle vulnerabilità esterne al sistema;

- della sicurezza fisica.

2. Evoluzione delle tecnologie della comunicazione

Oggi il binomio comunicazione-informatica è un concentrato di sinergie che rappresentano il mezzo comunicativo moderno. L'evoluzione di entrambe è sempre stata orientata l'una verso l'altra.

La comunicazione, nel suo percorso evolutivo, è passata attraverso diverse fasi caratterizzate da tre tipologie comunicative[3].

1. La **comunicazione in presenza**, adottata per trasferire informazioni nell'antichità di padre in figlio, è caratterizzata da una condivisione spazio-temporale tra gli attori della comunicazione ed è di tipo sincrono in quanto la comunicazione avviene nello stesso istante. Dobbiamo dire inoltre che la comunicazione in presenza richiede una certa "tecnica". Si tratta di conoscenze incorporate nella cultura, in

---

[3] Maggiori informazioni sulla comunicazione possono essere reperite sul libro "Manuale della comunicazione multimediale", dello stesso autore, che trovate su Amazon.

qualche modo insite nel processo stesso di apprendimento del linguaggio naturale. Infatti, apprendiamo sin dai primi anni di vita le modalità del conversare, ossia, prendere la parola a turno, parlare a una certa distanza, con un certo volume di voce, etc.

2. Un'altra tipologia di **comunicazione** è quella **a distanza** che, nel suo modello classico, è un tipo di comunicazione dove non vi è alcuna condivisione spazio-temporale; è inoltre asincrono in quanto sicuramente l'invio del messaggio non avviene nello stesso istante della ricezione. Nella comunicazione a distanza gli interlocutori comunicano in tempi diversi in luoghi diversi; pensiamo alla dinamica della comunicazione scritta di una lettera per esempio, oppure all'ipotesi di una registrazione di un messaggio video o audio che viene poi recapitato al destinatario, pensiamo ancora alla visione di una trasmissione televisiva precedentemente registrata, oppure all'invio di un SMS ad un utente che in quel momento ha il telefonino spento.

   La comunicazione a distanza può essere però anche un tipo di comunicazione che, sebbene rispetti la consegna della non spazialità (diversamente non si potrebbe chiamare comunicazione a distanza), può non avere necessariamente una condivisione temporale, quale può essere per esempio l'azione di fare una telefonata che vada a buon fine. Inoltre, le modalità di comunicazione sono strettamente correlate con lo sviluppo tecnologico. Pensiamo all'evoluzione dei metodi di scrittura, la nascita della stampa, lo sviluppo della rete ferroviaria, l'incremento dei mezzi di telecomunicazione, etc.

3. Ed arriviamo al tipo di comunicazione che più di ogni altro è strettamente legato all'evoluzione informatica: la **comunicazione mediata**. Questo è un tipo di comunicazione che adopera sostanzialmente lo strumento computer. È un tipo

di comunicazione a distanza perché non vi è condivisione
spaziale, in quanto i computer degli interlocutori sono distanti
tra loro e comunque si tratta di comunicazione nel quale il
computer fa da mediatore e interfaccia. Può essere inoltre un
tipo di comunicazione sincrona quando si utilizza per esempio
una chat o un servizio di teleconferenza, ma può essere anche
asincrona quando si invia una e-mail o si posta su un forum.

Riassumendo:

3. Informatica e sviluppo tecnologico nel contesto della comunicazione

La comunicazione, dunque, si è evoluta in funzione dello sviluppo tecnologico e, viceversa, le tecnologie informatiche si sono sempre di più adeguate alle esigenze comunicative, basti pensare a Internet e tutte le possibilità comunicative che ci offre attraverso i siti Web, forum, chat, blog, e-mail, teleconferenze, etc.

"L'evoluzione tecnologica ha fatto sì che oggi le informazioni ci giungano rapidissimamente e in gran quantità, tanto da non lasciarci più il tempo di pensare."

Questa frase sembra un'ovvia affermazione riferita alla situazione odierna. Sorprendentemente, invece, a dirla è stato un ministro inglese nel 1880 riferendosi al fatto che le lettere, anziché essere portate da cavalli e diligenze, erano trasportate dalle ferrovie. Ecco allora la grande velocità e capacità di trasporto conseguente a cui lui si riferiva. Il ciclo composto da scrittura, invio, trasporto, ricezione e lettura, era passato da qualche settimana, o qualche mese se la corrispondenza arrivava da un altro continente, a qualche giorno.

Il fatto che noi oggi condividiamo la stessa impressione di questo ministro di oltre cento anni fa la dice lunga sulla capacità di adattamento dell'uomo alle mutate condizioni dell'ambiente in cui vive. Percepiamo il cambiamento immediato, ma dopo un po' questo diventa parte del mondo usuale e scompare dalla nostra percezione. Una tecnologia ha veramente successo quando scompare, appunto, dalla percezione e diventa un substrato da cui emerge solo il servizio. Tecnologia e comunicazione hanno incrociato i loro cammini fin dal tempo più remoto, dove comunicazione significava un rullo di tamburo nella foresta, l'invio di lampi luminosi tramite specchietti tra un castello e l'altro, lo sferragliare della locomotiva, fino ad arrivare in tempi recenti al segnale elettrico prima con il telegrafo, poi il telefono, la radio, la televisione, Internet, etc. La tecnologia ha costituito quindi un elemento facilitatore per la comunicazione, ma allo stesso tempo ha costretto la comunicazione a seguire determinati binari.

Il punto debole però di questa fase evolutiva della comunicazione è che, man mano che progredisce e si avvicina alla tecnologia, è sempre più difficile garantire e preservare la sicurezza delle nostre informazioni. Anche perché, diversamente dal tipo di interazione faccia a faccia dove i pericoli di mancata sicurezza possono essere solo due, ossia il ricevente la comunicazione oppure qualcuno che sta origliando la conversazione in atto, l'interazione mediata dal computer ha molte varianti e innumerevoli possibilità che qualcuno catturi l'informazione, visto le linee che la nostra informazione percorre nel vasto grafo[4] della Rete.

---

[4] Un grafo è un insieme di elementi detti nodi o vertici che possono essere collegati fra loro da linee chiamate archi o lati o spigoli. In pratica sono oggetti discreti che permettono di schematizzare una grande varietà di situazioni e processi, e spesso di consentirne delle analisi in termini quantitativi e algoritmici.

4. Cosa vuol dire garantire la sicurezza delle informazioni

Partiamo dalla considerazione che gli attacchi a un'organizzazione possono provenire non solo dall'esterno, ma molto spesso il pericolo proviene proprio dall'interno stesso.

Quando parliamo dunque di sicurezza, ci riferiamo alla protezione delle reti locali che gestiscono i database e le applicazioni, e fanno circolare i dati all'interno dell'organizzazione, ma ci riferiamo anche alle reti geografiche che sostanzialmente contengono la nostra rete locale e la proiettano nella grande Rete e le danno così la possibilità di connettersi con le altre reti locali e tutti i nodi presenti nella Rete.

La sicurezza, pertanto, abbraccia tutto ciò che in pratica contiene o fa veicolare le informazioni.

Analizziamo ora i punti salienti degli elementi principali che fanno scaturire i problemi di sicurezza. Ossia, da dove nascono i problemi di sicurezza?

Per ottenere una risposta plausibile ed esaustiva, dobbiamo necessariamente considerare i quattro punti seguenti.

1. Le reti sono per loro natura dei mezzi di trasmissione delle informazioni che possiamo considerare alquanto insicuri, specie in assenza di misure specifiche di protezione.

Sorpresi da questa asserzione? Vi sembra azzardata?

Considerate allora alcuni fattori:

- La comunicazione generalmente avviene in chiaro, non è quindi cifrata[5];

- L'autenticazione degli utenti si basa semplicemente su nome utente e password;

- Non vi è in genere autenticazione dei server;

- Le reti locali funzionano come mezzo di broadcast[6];

- I collegamenti geografici non avvengono sempre tramite linee punto-punto ma attraversano linee condivise oppure tramite router di terzi.

Appare ovvio che quindi tutto ciò risulta difficilmente controllabile ai fini della sicurezza.

2. Le applicazioni che vengono utilizzate possono contenere errori, virus, trojan o codici maliziosi che, mentre apparentemente svolgono una certa funzione, nel contempo copiano e trasmettono dati confidenziali.

---

[5] Nei prossimi capitoli ci occuperemo anche di crittografia.

[6] Il broadcasting, nelle telecomunicazioni, indica la trasmissione di informazioni da un sistema trasmittente ad un insieme di sistemi riceventi non definito a priori.

3. I dati tendono sempre più ad avere un valore semantico, pertanto è necessario proteggerli in base al loro significato oltre che semplicemente proteggere l'accesso logico e fisico ai file in cui sono memorizzati. Ciò vuol dire che, per farvi un esempio, un file di testo che contiene l'elenco delle password utilizzate, se gli viene dato il nome per esempio di "mie-password", è palesemente un file vulnerabile dal punto di vista della sicurezza, in quanto il nome dato riconduce chiaramente al tipo di dati in esso contenuti.

4. I dati sono condivisi tra vari utenti, su siti diversi della Rete, con politiche di protezione spesso contrastanti, e occorrono pertanto dei protocolli di negoziazione fra le politiche di accesso alle basi di dati e ai siti Web, i quali permettano l'accesso controllato alle informazioni.

Alla luce quindi di quanto sinora espresso, andiamo ora a vedere quali sono le quattro caratteristiche dei messaggi e dei dati che si rendono necessarie garantire.

1. **Confidenzialità**: vuol dire la protezione da letture di dati non autorizzate. In sostanza, s'intende la protezione dei dati e delle informazioni scambiate tra un mittente e uno o più destinatari nei confronti di terze parti.

Tale protezione deve essere realizzata a prescindere dalla sicurezza del sistema di comunicazione utilizzato: assume anzi particolare interesse il problema di assicurare la confidenzialità quando il sistema di comunicazione utilizzato è intrinsecamente insicuro (come ad esempio la rete Internet).

C'è da notare che in un sistema che garantisce la confidenzialità, una terza parte che entri in possesso delle informazioni scambiate tra mittente e destinatario, non è in grado di ricavarne alcun contenuto informativo intelligibile.

Per assicurarla, invece, si ricorre a meccanismi di cifratura, come la crittografia, e all'occultamento della comunicazione, come nel caso della steganografia, che vedremo entrambi nei capitoli successivi.

Un altro meccanismo che serve ad aumentare la confidenzialità è l'autenticazione di accesso al sistema, in quanto potenzialmente in grado di scartare accessi di soggetti non autorizzati ovvero autenticati.

2. **Integrità**: ossia protezione da modifiche non autorizzate, intendendo la protezione dei dati e delle informazioni nei confronti delle modifiche del contenuto, accidentali oppure effettuate da una terza parte. Rimane compreso nell'alterazione anche il caso limite della generazione *ex novo* di dati ed informazioni.

   Insito nel concetto di integrità vi è anche la possibilità di verificare con assoluta certezza se un dato o una informazione siano rimasti integri, ossia inalterati nel loro contenuto, durante la loro trasmissione e/o la loro memorizzazione.

   Infine, maggiore sarà l'integrità dei dati e conseguentemente maggiore sarà la possibilità di esatta lettura/scrittura degli stessi e quindi di prevenzione degli errori.

3. **Autenticità**: si riferisce alla certezza della sorgente, della destinazione e del contenuto dell'informazione. Spesso l'autenticità viene confusa con l'autenticazione, che ricordiamo che è invece l'accertamento dell'identità presentata ad un'entità remota che partecipa ad una sessione di comunicazione (le password sono un esempio tipico di strumenti atti ad ottenere autenticazione dell'entità), oppure è riferita ai servizi di autenticazione dell'origine dei dati: in questo caso si autentica l'identità di chi invia un messaggio o crea un documento.

   In pratica, mentre l'autenticità è riferita non solo a chi invia e riceve il messaggio ma anche al contenuto del messaggio stesso, l'autenticazione invece non si cura dell'informazione veicolata esulando completamente dal tipo di contenuti trasmessi.

4. **Non ripudio**: certezza che chi trasmette e chi riceve non possano negare di avere rispettivamente inviato e ricevuto il messaggio. In definitiva, è necessario garantire che le entità coinvolte in una comunicazione o transazione non possano rinnegare la loro partecipazione.

   I servizi di non ripudio non prevengono il ripudio di una comunicazione o di una transazione, forniscono, invece, gli strumenti per dimostrare in caso di contenzioso l'evidenza dei fatti.

   Il non ripudio, va oltre le problematiche di autenticazione ed integrità: è, infatti, lo strumento con cui dimostrare ad una terza parte che una comunicazione o transazione è stata originata o avviata da un'entità.

Nei documenti cartacei, quali contratti, ordini, bonifici, è la firma autografa ad essere utilizzata per garantire il servizio di non ripudio, nei documenti elettronici è, invece, la tecnica crittografica di firma digitale.

5. Le tipologie di attacco più frequente ai sistemi informativi

Vediamo ora quali sono le tipologie di attacchi informatici più frequenti.

Tuttavia, per una migliore comprensione delle dinamiche delle tecniche che verranno descritte nei prossimi paragrafi, ritengo sia opportuno a questo punto capire bene come effettivamente viaggiano le informazioni nella Rete.

È importante sapere che le informazioni che un mittente invia ad un destinatario sotto forma di dati, che possono essere tramite e-mail, messaggio o anche il classico trasferimento dei dati in upolad/download, viaggiano attraverso il flusso delle informazioni all'interno di veri e propri pacchetti che si compongono di tre elementi sostanziali.

Vediamoli brevemente, anche con l'ausilio dell'immagine che segue.

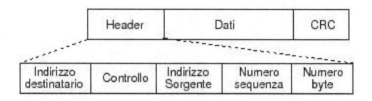

I tre componenti principali di un pacchetto di informazioni sono, **Header**, **Dati**, **CRC**.

Noi ci soffermeremo maggiormente sull'Header, accennandovi comunque che, mentre l'elemento **Dati** contiene ovviamente il contenuto vero e proprio del messaggio, ovvero l'informazione che il mittente intende veicolare verso il destinatario, il **CRC**[7], è un campo relativo al codice di parità necessario a rivelare l'occorrenza di errori di trasmissione.

Ma torniamo all'**Header**.

Dall'inglese "intestazione", si tratta di un elemento importantissimo in quanto contiene tutte le informazioni inerenti alle dinamiche dell'informazione da trasmettere e tutto il percorso

---

[7] La sigla CRC significa Cyclic Redundancy Check (controllo ciclico di ridondanza) ed indica una parola binaria i cui bit sono calcolati in base ad operazioni algebriche attuate sui bit di cui il resto del messaggio è composto. Dal lato ricevente sono eseguite le stesse operazioni, ed il risultato confrontato con quello presente nel CRC, in modo da controllare la presenza di errori di trasmissione.

e le regole che il pacchetto di informazioni deve seguire per arrivare a destinazione.

Questo elemento a sua volta può essere suddiviso in ulteriori campi in cui trovano posto, tra le altre cose, gli indirizzi del destinatario e di quello sorgente (del mittente), un codice di controllo che causa in chi lo riceve l'esecuzione di una procedura specifica, un numero di sequenza che identifica il pacchetto all'interno del messaggio originale, ed un campo che indica la lunghezza del pacchetto.

5.1 Spoofing di indirizzi IP

Si tratta della falsificazione dell'indirizzo di rete del mittente, con conseguente alterazione dei dati e l'accesso ad applicativi e a porzioni di sistema.

Sembra evidente, ora che abbiamo chiarito come viaggia equipaggiata l'informazione, comprendere come opera lo spoofing IP: semplicemente modificando il campo ove risiede l'informazione dell'indirizzo di rete del mittente, ed ovviamente si ha nel contempo la possibilità di inserire nel pacchetto le informazioni volute o peggio ancora virus informatici. In questo modo, si può far credere che un pacchetto d'informazioni sia stato trasmesso da un'entità differente.

Ma che cos'è l'indirizzo IP?

"IP" sta per "Internet Protocol", cioè il protocollo che stabilisce gli standard e le regole per l'indirizzamento dei dati e la connessione a Internet. Questo protocollo è un insieme di regole che ciascuna delle parti deve seguire per consentire un flusso di dati bidirezionale.

Come difendersi dagli attacchi di Spoofing IP?

La difesa basilare da questo tipo di attacco consiste nell'applicare delle tecniche di autenticazione che non siano basate solo sugli indirizzi.

Un'altra difesa è rappresentata dall'utilizzo di packet filtering, ossia impostando opportune regole sulla base delle quali viene deciso quali pacchetti dall'esterno possono essere trasmessi all'interno della rete aziendale e viceversa.

Nel caso specifico, per evitare un attacco basato sullo spoofing IP, basta impostare una serie di regole che vieti il passaggio dall'esterno verso l'interno della rete aziendale di pacchetti IP che abbiano per esempio come indirizzo IP sorgente quello di una macchina interna. Questo perché, se dovesse accadere che un pacchetto di informazioni con indirizzo che corrisponde ad uno interno tenti di penetrare all'interno della rete locale, vuol dire chiaramente che quel pacchetto è stato attaccato da spoofing, ossia al suo interno è stato sostituito l'indirizzo del mittente originario con uno interno considerato sicuro dai gestori della rete locale.

Un'ulteriore difesa può essere rappresentata dall'utilizzo di IPsec, abbreviazione di IP Security. Si tratta di uno standard per reti a pacchetto che si prefigge di ottenere connessioni sicure su reti IP. La sicurezza viene raggiunta attraverso funzionalità di autenticazione, cifratura e controllo di integrità dei pacchetti.

Nonostante comunque tutte le opportune precauzioni che possono essere adottate, tuttavia c'è da sottolineare che lo spoofing è una tecnica che funziona quasi sempre.

Perché?

Uno dei motivi sostanziali sta nel fatto che ai fini dell'instradamento dei pacchetti d'informazione viene verificato solo l'indirizzo di destinazione, mentre quello sorgente rimane in secondo piano: è per questo motivo che in condizioni normali è possibile spedire pacchetti che sembrano provenire da un qualunque altro indirizzo. Anche perché, spesso vi è mancanza di un controllo a livello superiore che autentica la sorgente dei pacchetti IP.

5.2 Sniffing di pacchetti

Da come può essere intuito dal nome, si tratta della lettura non autorizzata di informazioni presenti sui pacchetti che viaggiano.

Il suo utilizzo si basa sull'attività di intercettazione passiva dei dati che transitano in una rete, intercettando i singoli pacchetti d'informazione ed andando a leggere, talvolta a modificare, le informazioni contenute nel campo Dati del pacchetto (vedi l'immagine mostrata precedentemente).

Tale attività può essere svolta sia per scopi legittimi, ad esempio l'analisi e l'individuazione di problemi di comunicazione o di tentativi di intrusione, sia per scopi illeciti quali ad esempio l'intercettazione fraudolenta di password o di altre informazioni sensibili.

Una delle difese più forti ed efficaci contro lo Sniffing può essere quella di utilizzare la crittografia (di cui parleremo abbondantemente nei prossimi capitoli).

5.3 Shadow server

Lo Shadow server, detto anche la tecnica del server ombra, è un computer esterno alla rete locale, ma può anche essere talvolta interno, che si maschera come un server fornitore di un servizio di rete. Può essere una simulazione di un server di posta, oppure un web server, o ancora un server di stampa. Sulla base poi di queste mentite spoglie, il server ombra richiede dei dati agli altri server, facendoli credere che gli servono per elaborarli e utilizzarli in seguito per poter fornire il proprio servizio. Normalmente i dati richiesti gli vengono forniti in quanto il server ombra viene ritenuto legittimo e veritiero.

Una volta poi stabilita la connessione all'interno della rete locale, perpetra una serie di attacchi ai server originali tramite spoofing, sniffing di pacchetti ed acquisendo così indebitamente tutta una serie di dati e informazioni per essere utilizzate in futuro illecitamente.

La difesa principale consiste nell'applicare tecniche di autenticazione del server.

5.4 Collegamenti hijacking

Sono i classici attacchi degli hacker, o pirati informatici, detti anche spoofing dei dati. Sostanzialmente, questa tecnica funziona in questo modo: si prende il controllo di un canale di comunicazione e si inseriscono, cancellano o manipolano dei pacchetti d'informazione.

In questo campo rientrano talmente tante varianti, che evitiamo di affrontarle in questo contesto, altrimenti cadremmo nel vortice del tecnicismo, e lo scopo di questo libro è spiegare solo i concetti basilari e renderli comprensibili a tutti.

Citerei solamente una tecnica hijacking molto in voga in questo periodo: si tratta di quella nota come Browser Hijacking, che consente agli hacker di eseguire sul malcapitato computer una serie di modifiche tali da garantirsi la visita alle loro pagine con l'unico scopo di incrementare in modo artificioso il numero di accessi e di click diretti al loro sito e, conseguentemente, incrementare i guadagni dovuti alle inserzioni pubblicitarie (ad es. banner pubblicitari).

Un buon firewall o applicativi di verifica dell'integrità delle informazioni e serializzazione di ogni singolo pacchetto di rete possono essere utili per ovviare a questo inconveniente.

5.5 Negazione di servizio

Si tratta di tenere impegnato un server o un tratto di rete, in modo che i servizi o i sistemi non siano disponibili per gli utenti di quella rete. Si saturano in pratica dei server inviando loro una moltitudine di messaggi in maniera ridondante, per fare in modo che quei server alla fine si blocchino per il troppo lavoro di dover dar retta a tutti quei messaggi, e non possano quindi più garantire l'espletamento delle loro funzioni, sicurezza compresa.

A seguito di questo attacco, chiamato anche Denial of Service, che vuol dire appunto negazione di servizio, occorre un malfunzionamento del server di rete dovuto ad un attacco informatico in cui si esauriscono deliberatamente le risorse di un sistema informatico che fornisce un servizio, ad esempio un sito web, fino a renderlo non più in grado di erogare il servizio, quindi instabile, oppure bombardando di e-mail un server di posta in modo che diventi instabile, in quanto saturo di lavoro, e non riesca quindi a garantire tutti i servizi, né tantomeno quelli relativi alla sicurezza dei dati trattati, obiettivo finale a cui in genere i pirati informatici mirano.

Allo stato attuale non esiste una vera e propria difesa efficace a questo attacco, anche perché i server sono concepiti per trattare tutte le informazioni che ricevono in entrata, nessuna esclusa, a parte eventuali filtri che possono essere applicati, non riuscendo a discernere i motivi reconditi di tali messaggi, e quindi a carpire la loro buona fede o meno (e ci mancherebbe altro che riuscissero a fare anche queste cose tipicamente umane. Sarebbe la fine per noi umani!).

L'unica soluzione rimane il monitoraggio della rete, dal quale attraverso l'interazione umana si può evincere se alla base di quel particolare bombardamento di messaggi in entrata corrisponda un fine illecito.

6. I concetti fondamentali della crittografia

Giungiamo ora a parlare della crittografia[8], che come vedremo riveste un ruolo primario nel campo della sicurezza delle informazioni, in quanto è in grado di rendere illeggibile il contenuto di una comunicazione a chi non possiede la chiave per rendere quel contenuto leggibile.

6.1 Che cos'è la crittografia

La crittografia, dal greco "crypto" (nascondere) e "graphein" (scrivere), è l'arte di progettare algoritmi (cifrari o procedimenti matematici per cifrare i dati) per crittografare un messaggio

---

[8] Maggiori e dettagliate informazioni sulla crittografia possono essere reperite dal libro "Storia della Crittografia Classica - Lo straordinario percorso storico dei sistemi crittografici dagli albori della civiltà sino al secondo dopoguerra", dello stesso autore, acquistabile su Amazon.

rendendolo incomprensibile a tutti tranne al suo destinatario che, con un algoritmo simile, deve essere in grado di decodificarlo attraverso un parametro segreto detto chiave, usata in precedenza anche dal mittente per la cifratura.

In pratica, il procedimento di crittografia si avvale sempre di un algoritmo per crittografare i messaggi in modo da renderli illeggibili a chi non possiede la chiave con cui sono stati crittografati, e di un opportuno algoritmo per decriptarli.

Il dato originale viene detto "testo in chiaro" o "plain text", mentre il dato crittografato viene detto "testo cifrato" o "cipher text".

La sicurezza di un sistema di crittografia risiede solo ed esclusivamente nella segretezza della chiave e non dell'algoritmo che è opportuno far conoscere alla pubblica analisi, in modo che se ne possano scoprire eventuali punti deboli in tempo.

Questo principio, noto come principio di Kerckhoff[9], che lo enunciò nel 1883, dice in sostanza che il metodo è più sicuro quanto è più difficile scoprire la chiave segreta conoscendo l'algoritmo che l'ha generata.

Se ci pensate bene, nella vita di tutti i giorni l'algoritmo utilizzato viene sempre reso noto. Pensate a quando avete accesso all'Internet banking per accedere al vostro conto corrente: la prima cosa che noterete è che vi viene comunicato la tecnologia di sicurezza che viene adottata e i relativi algoritmi utilizzati.

La chiave che vi consente di accedere al vostro conto corrente è ovviamente solo nelle vostre mani, e di quelle della banca stessa che funge in questo caso da mittente della comunicazione, e che ha quindi criptato l'accesso al vostro conto corrente per consentire

---

[9] Crittologo dei Paesi Bassi nato nel 1835.

solo a voi, che conoscete la chiave di accesso, di entrare nel vostro conto corrente.

La foto seguente vi mostra il processo di cifratura e conseguente decifratura di una informazione.

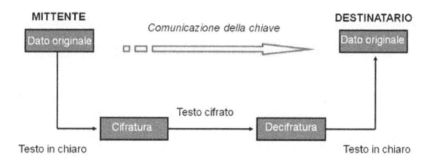

Schema esplicativo del processo dinamico della crittografia

In maniera semplificata, possiamo dire che la crittografia è un processo di conversione di un'informazione da un formato facilmente comprensibile per tutti ad un formato che sembra casuale e inutilizzabile. Se viene utilizzato un buon metodo di cifratura, solo i destinatari delle informazioni saranno in grado di convertirle nella forma originaria.

Questa conversione viene definita decrittazione, o decifratura, che prende il nome dalle vecchie macchine che venivano utilizzate e che si chiamavano, appunto, macchine cifra.

6.2 Le tipologie di algoritmi per crittografare

Esistono due tipologie di algoritmi per crittografare: a chiave segreta e a chiave pubblica.

1. Gli algoritmi a **chiave segreta** o detti anche simmetrici, in cui la chiave per crittografare è la stessa utilizzata per decrittare.

   Ciò vuol dire che la crittografia a chiave segreta utilizza un'unica chiave che deve necessariamente rimanere segreta e nota alle sole persone, o macchine, che si scambiano il messaggio. Anche perché, ogni persona che ne entra in possesso è in grado di decifrare il messaggio.

Il limite di questo tipo di crittografia consiste nel fatto che costringe gli interessati a comunicarsi la chiave, con il pericolo che possa cadere nelle mani sbagliate.

2. Gli algoritmi a **chiave pubblica** o asimmetrici, in cui ogni parte in gioco nella comunicazione possiede due chiavi: una chiave privata che conosce solo il possessore, e una chiave pubblica che viene resa nota a tutti.

Tali algoritmi sono detti anche asimmetrici perché implementano due funzioni: una prima diretta e molto semplice utilizzata per crittografare, e l'altra inversa e generalmente molto complicata usata per decrittare.

Il concetto di crittografia a chiave pubblica ha rivoluzionato il mondo della crittografia. La sua potenzialità è insita nel fatto che non è necessario che le parti in comunicazione si scambino alcuna chiave, così come avviene invece per la crittografia a chiave segreta. Ogni parte possiede, infatti, due chiavi: una pubblica e l'altra privata. Non è possibile risalire alla chiave privata partendo dalla chiave pubblica.

I due scenari di impiego della crittografia a chiave pubblica sono i seguenti:

- Il mittente cripta il messaggio con la propria chiave privata; il destinatario, che conosce l'identità di chi gli invia il messaggio, lo decripta utilizzando la chiave pubblica del mittente.

- Il mittente cripta il messaggio con la chiave pubblica del destinatario, che è noto a tutti; il destinatario riconosce che il messaggio è per lui e lo decripta con la propria chiave privata, nota solo a lui. Solo il destinatario, che conosce la chiave segreta corrispondente alla chiave pubblica utilizzata dal mittente, sarà in grado di leggere il messaggio.

Facciamo un esempio pratico della chiave pubblica, perché spesso si ha delle difficoltà oggettive a capirla.

A differenza della crittografia simmetrica, dove cifriamo e decifriamo con la stessa chiave, nella crittografia asimmetrica con una chiave cifriamo e con un'altra decifriamo. E fin qui ci siamo.

La prima chiave, può essere rappresentata da un lucchetto, che è una chiave pubblica ed è visibile a tutti.

La seconda chiave è invece la chiave privata ed è la chiave fisica che serve per aprire materialmente il lucchetto.

Questa chiave appartiene solo al proprietario del lucchetto. E il proprietario del lucchetto deve stare bene attento a conservarla per evitare che cada nelle mani di qualche malintenzionato, che potrebbe impossessarsi del contenuto che è garantito dalla sicurezza di quel lucchetto.

6.3 Tecniche crittografiche fondamentali

I sistemi di crittografia possono essere divisi in tre grandi gruppi: a repertorio, algebrici e letterali.

Vediamoli in dettaglio.

1. I sistemi **a repertorio** prevedono la sostituzione delle parole del testo in chiaro con un codice equivalente ottenuto consultando un dizionario.

Esempio

Testo in chiaro: *Attento, sta arrivando la Polizia*

> **Chiavi**: Stare attento = *Coprirsi*
> arrivo della Polizia = *fuori piove*

Testo criptato: *Copriti, fuori piove*

2. I sistemi **algebrici** sono quelli che trasformano il messaggio in una sequenza di numeri e, sfruttando una base matematica, eseguono operazioni su tali numeri; in tal modo il messaggio codificato non sarà più composto da lettere ma da cifre.

Esempio

Testo in chiaro: *Attento, sta arrivando la Polizia*

> **Chiavi**: ad ogni lettera corrisponde un numero in maniera sequenziale, moltiplicato per 2. (es. A=1*2, B=2*2, C=3*2, etc.)

Testo criptato: *2363610243626......eccetera*

39

3. I sistemi **letterali**, infine, operano invece sul messaggio con operazioni di sostituzione, trasposizione e sovrapposizione. Vista la loro importanza storica, approfondiamo meglio questi algoritmi.

- Gli algoritmi di **sostituzione** si basano sulla semplice sostituzione di tipo uno-a-uno di tutti i caratteri che compongono il messaggio. Un esempio è quello in cui ogni lettera viene sostituita con il carattere dell'alfabeto che lo segue di '*n*' posizioni.

- Gli algoritmi di **trasposizione** prevedono che i caratteri del testo in chiaro vengano cambiati di posto secondo una chiave di cifratura e la regola dell'algoritmo. Consiste in pratica nel rimescolare i caratteri del testo in chiaro secondo una regola prestabilita.

- Seguendo l'approccio mediante algoritmi di **sovrapposizione**, il testo in chiaro viene sovrapposto, utilizzando la somma logica, alla chiave di cifratura, che avrà lunghezza pari al messaggio, utilizzando le rispettive codifiche binarie.

Queste tecniche comunque le comprenderemo meglio guardando gli esempi applicativi utilizzati nella storia, che sarà oggetto del prossimo capitolo.

7. Breve storia della crittografia e dei sistemi di scrittura occulta adottati nel tempo

7.1 Cenni storici

La crittografia ha origini antichissime. Storicamente l'utilizzo della crittografia è stato appannaggio esclusivo di quattro diversi gruppi di persone: i militari, i corpi diplomatici, i diaristi e gli amanti. I militari hanno sicuramente giocato il ruolo più importante, in quanto la crittografia applicata a scopi bellici ha rappresentato per molti secoli un'arma determinante nelle mani di coloro che sapevano come usarla. Una delle principali limitazioni al suo uso era rappresentata dal fatto che coloro che erano addetti alla cifratura, un gran numero di impiegati vista la mole dei messaggi da inviare, dovevano adoperare mezzi inadeguati (non erano ancora presenti i computer) e lavorare in condizioni oltremodo scomode, ad esempio in mezzo ad un campo di battaglia. Come se non bastasse, la crittografia poteva rivelarsi un'arma a doppio taglio nel caso in cui un addetto alla codifica cadeva nelle mani del nemico: se ciò accadeva era necessaria una immediata modifica del metodo crittografico, e questo richiedeva, tra l'altro, addestrare nuovamente un gran numero di persone.

Le tecnologie moderne (fra cui l'informatica e l'evoluzione dell'elettronica applicata e miniaturizzata) hanno consentito lo sviluppo di sistemi molto sofisticati rispetto al passato. Infatti, oggi si progettano algoritmi, mentre nel passato venivano studiati dei cifrari. Tuttavia alcune tecniche antiche sono tuttora impiegate nei moderni sistemi di crittografia.

Più di 6000 anni fa si scrivevano geroglifici egizi e ancora oggi si lavora per la loro interpretazione. Da sempre l'uomo ha cercato di proteggere i propri segreti, ed il campo in cui ha l'assoluta necessità di farlo è quello militare. Nell'epoca dell'impero romano e di Giulio Cesare, quando ancora pochi sapevano leggere e scrivere, troviamo i primi esempi di testi cifrati.

7.2 La cifratura di Cesare

Per comunicare con i sui generali, Giulio Cesare utilizzava l'algoritmo di cifratura a sostituzione mono-alfabetica. In pratica, sostituiva ad ogni lettera del messaggio un'altra lettera con un certo numero di posizioni più avanti nell'alfabeto. Per l'esattezza utilizzava la chiave "3", dove tutte le lettere venivano scalate di tre cifre: la A diventava D, la B diventava E, la C diventava F e così via. Un metodo semplicissimo, ma per quell'epoca più che rivoluzionario.

La debolezza di questo codice sta nel fatto che si possono utilizzare solo poche chiavi, cioè tante quante sono le lettere dell'alfabeto.

Comunque, è da questo cifrato che iniziano i miglioramenti e l'evoluzione della crittografia. Il primo miglioramento che fu concepito all'epoca, fu quello di avere ogni lettera sostituita con un'altra in modo casuale, senza una regola fissa.

Vediamo un esempio di utilizzo del cifrario di Cesare.

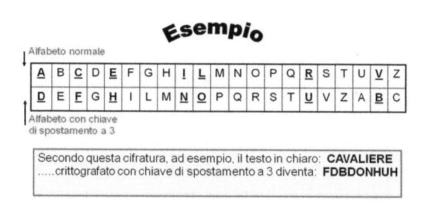

Esempio

Alfabeto normale

A	B	C	D	E	F	G	H	I	L	M	N	O	P	Q	R	S	T	U	V	Z
D	E	F	G	H	I	L	M	N	O	P	Q	R	S	T	U	V	Z	A	B	C

Alfabeto con chiave
di spostamento a 3

Secondo questa cifratura, ad esempio, il testo in chiaro: **CAVALIERE**
.....crittografato con chiave di spostamento a 3 diventa: **FDBDONHUH**

7.3 La tabella di Vigenere

Sistema inventato da Blaise De Vigenere nel 1586, si tratta di un codice a sostituzione poli-alfabetica. È un'estensione più moderna (per l'epoca) del codice di Cesare, dove anziché spostare le lettere di un numero determinato di posizioni, venivano spostate in base a una chiave.

Ma vediamo un esempio applicativo.

> Poniamo di avere i seguenti dati:
> Chiave: **DANTE**   Testo in chiaro: **LASCIATE OGNI SPERANZA**

Proviamo a criptare il testo in chiaro con questo sistema.

La chiave viene posta in linea con la colonna della lettera A dell'alfabeto normale e da ogni lettera della chiave prosegue l'alfabeto. Se noi ora poniamo in linea il testo in chiaro e la chiave, il risultato del vertice dell'ascissa e dell'ordinata di ogni lettera mi darà il testo cifrato.

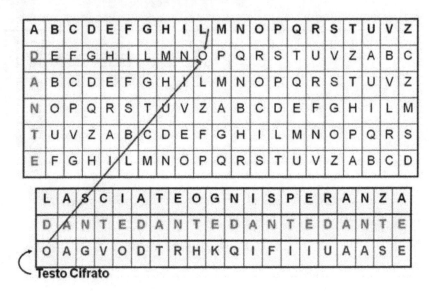

Testo Cifrato

In definitiva, la lettera iniziale O del testo cifrato è data dall'intersezione tra la D della chiave e la L del testo in chiaro e così via per tutte le lettere.

7.4 Altre tecniche antiche di cifratura

In questo paragrafo verranno citate solo alcune tecniche crittografiche utilizzate in passato. Tuttavia, se volete divertirvi anche a provarle tutte le tecniche utilizzate, sappiate che è uscito da poco un libro che sta avendo un enorme successo, "Storia della crittografia classica - Lo straordinario percorso storico dei sistemi crittografici dagli albori della civiltà sino al secondo dopoguerra", sempre di Nicola Amato, che descrive in maniera chiara ed esaustiva tutte le tecniche utilizzate in passato. Lo trovate tranquillamente su Amazon.

7.4.1 ATBASH

Consiste nel cifrare la prima lettera dell'alfabeto ebraico con l'ultima, la seconda con la penultima e così via.

Questo tipo di crittografia ci viene portato a conoscenza dal libro di Geremia della Bibbia che usa un semplicissimo codice mono-alfabetico per cifrare la parola Babele; la prima lettera dell'alfabeto ebraico (Aleph) viene cifrata con l'ultima (Taw), la seconda (Beth) viene cifrata con la penultima (Shin) e così via; da queste quattro lettere è derivato il nome di Atbash (A con T, B con SH) per questo codice.

Usando il moderno alfabeto internazionale, l'Atbash può essere riassunto con la seguente tabella di cifratura:

```
CHIARO        a b c d e f g h i j k
l m

CIFRATO       Z Y X W V U T S R Q P
O N

CHIARO        n o p q r s t u v w x
y z

CIFRATO       M L K J I H G F E D C
B A
```

Utilizzando la frase

Il sole brilla

come frase chiara da cifrare il risultato sarà:

Rohlovyirooz

Il codice Atbash è quindi simile, ma meno complesso di quello di Cesare, poiché al contrario di quest'ultimo prevede solo una possibile sostituzione.

7.4.2 Scacchiera di POLIBIO

Inventata dallo storico greco Polibio intorno al 150 A.C., il sistema consisteva in una tabella composta da lettere legate ad una coppia di numeri che ne indicava la posizione della lettera.

Per attuare questo metodo bisognava cifrare una lettera con una coppia di numeri compresi tra 1 e 5, in base ad una scacchiera di formato 5x5 contenente le lettere dell'alfabeto.

Ogni lettera veniva rappresentata da due numeri, guardando la riga e la colonna in cui essa si trovava.

Ad esempio, considerando la tabella sottostante, A = 11, B = 12, C = 13, M = 33, U = 45, e così via.

Ecco qui sotto un esempio del suo funzionamento, prendendo in considerazione l'alfabeto internazionale (quello originale era ovviamente in greco).

#	1	2	3	4	5
1	A	B	C	D	E
2	F	G	H	I	J
3	KQ	L	M	N	O
4	P	R	S	T	U
5	V	W	X	Y	Z

Tenete presente che nell'alfabeto greco c'erano 24 lettere ed avanzava quindi uno spazio per un carattere che Polibio proponeva di usare come segnale di inizio e fine trasmissione.

Se quindi volessimo cifrare per esempio la parola **ALBERO**

Il testo cifrato con questo sistema diventerebbe **113212154235**

7.4.3 Disco cifrante ALBERTI

Leon Battista Alberti propose un disco composto da due cerchi cifranti concentrici (nella figura in basso): uno esterno fisso, formato da 24 caselle che contenevano 20 lettere latine maiuscole (con la lettera Z inclusa; U=V; H J K W Y non incluse) ed i numeri 1 2 3 4 per il testo chiaro; un disco interno mobile con le 24 lettere minuscole per il testo cifrato. Le lettere maiuscole erano poste in ordine alfabetico, mentre le 24 lettere minuscole erano poste in disordine.

In questa immagine il disco cifrante di Alberti.

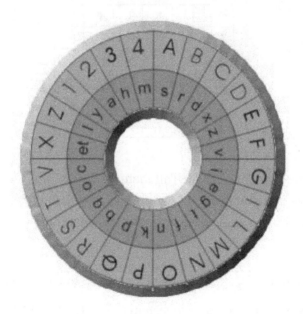

(Tratta da http://areeweb.polito.it/didattica/polymath)

7.4.4 PIGPEN

Usato nel 700 dai massoni per evitare che le proprie comunicazioni fossero intercettate. Consisteva nel sostituire le lettere con dei simboli.

Il Pigpen è un cifrario monoalfabetico a sostituzione, ove a ogni lettera corrisponde un unico simbolo che utilizza come chiave grafica quattro griglie, e che venne impiegato come alfabeto segreto dalla Massoneria a partire dal XVIII secolo, soprattutto in area statunitense, per tenere i registri segreti e per la corrispondenza. Si ispira in modo un po' confuso all'alfabeto ebraico.

7.4.5 Dispositivo di JEFFERSON

Thomas Jefferson, all'epoca Segretario di Stato americano, in seguito divenuto Presidente, inventò un sistema composto da cilindri e dischi ruotanti intorno ad un asse. Il cilindro era lungo 15 cm e largo 4. Questo cilindro era formato da 36 ruote della stessa misura. Ognuna di esse aveva all'esterno tutte le 26 lettere dell'alfabeto ma con ordine casuale, e diverso nelle varie 36 ruote. Ogni ruota aveva un numero.

Il testo cifrato veniva composto inserendo le varie ruote in un ordine prestabilito (è proprio quest'ordine che rappresenta la chiave da comunicare al destinatario).

In questa immagine il dispositivo di JEFFERSON.

(Da http://www.nsa.gov/gallery/thumbs/thumb00050.jpg)

7.4.6 La macchina ENIGMA

ENIGMA fu l'ultimo passo prima della crittografia moderna. Fu ideato dall'ingegnere tedesco Arthur Scherbius. Era una macchina elettromeccanica composta da ruote con i caratteri incisi sul bordo, e con contatti elettrici in corrispondenza delle lettere su entrambi i lati.

Il testo in chiaro, digitato su una tastiera, veniva riprodotto utilizzando i caratteri della prima ruota, la quale a sua volta costruiva un nuovo alfabeto utilizzando i caratteri della seconda, e poi della terza, e così via.

Tutte le ruote, e potevano essere parecchie, venivano "scalate", in modo che la sostituzione delle lettere fosse ogni volta diversa.

La chiave consisteva nel settaggio iniziale delle ruote, che
potevano essere posizionate in una quantità di posizioni diverse
tanto alte quante più erano le ruote utilizzate.

*Enigma nella sua scatola. Esemplare al National Cryptologic
Museum - Washington*

Questo meccanismo è facile da implementare via software e
abbastanza sicuro, può tuttavia essere infranto. Tra il 1939-1940 un
gruppo di matematici inglesi guidati da **Alan Turing** (l'ideatore

della macchina astratta di calcolo) progettarono e costruirono una macchina, chiamata *Bombe*, con cui riuscirono a decifrare i messaggi tedeschi.

Fu attaccato anche dal matematico polacco **Marin Rejewsky** che con il suo lavoro permise di decifrare numerosi messaggi militari tedeschi, uno dei passi che contribuì alla vittoria degli Alleati.

La macchina ENIGMA al suo interno

Scatola con sei rotori di ricambio. Esemplare al Deutsches Museum

7.4.7 Cifrario di VERNAM

Ad inventarlo fu G.S. Vernam, ed è uno dei più potenti metodi di crittografia. La chiave deve essere una sequenza casuale di caratteri ed avere una lunghezza uguale o superiore al testo in chiaro. Così facendo è quasi impossibile decifrare il testo criptato, sebbene fosse nell'utilizzo pratico molto scomodo e lungo.

Qual è il suo funzionamento?

Il cifrario di Vernam prevede l'edizione tipografica di blocchi cartacei uguali, tipo un calendario a strappo, con un foglio per ogni giorno, sui quali sono stampate lunghe sequenze di caratteri casuali.

Mittente e destinatario possiedono ciascuno un blocco, da custodire segretamente in quanto il blocco riporta l'insieme delle chiavi da utilizzare giorno dopo giorno. Il motivo di questo tipo di implementazione era dovuto al fatto che questo cifrario era utilizzato prevalentemente per le comunicazioni con le spie, che venivano equipaggiate di taccuini contenenti una lunga chiave per ogni pagina, da poter strappare e gettare una volta utilizzata.

Questo sistema fu utilizzato durante la Guerra Fredda fra i Presidenti USA-URSS.

8. Nozioni basilari di crittoanalisi

Occupiamoci ora, seppur brevemente, delle contromisure della crittografia, ossia della crittoanalisi

8.1 Che cos'è la crittoanalisi

La crittoanalisi si può definire come la scienza che si occupa di decrittare codici segreti, violare schemi di autenticazione e, in generale, "rompere" protocolli di crittografia.

Il crittoanalista è colui che, come avrete già capito, ha il compito di scoprire i punti deboli degli algoritmi utilizzati per crittografare e quindi di violarli. La potenza dei computer moderni può aiutare moltissimo il crittoanalista, ma molti sistemi che possono sembrare estremamente sicuri possono essere infranti semplicemente con carta e penna.

Il crittoanalista analizza il contenuto di un testo cifrato, ed attraverso tecniche statistiche/matematiche può riuscire ad ottenere informazioni sul testo in chiaro.

Generalmente un crittoanalista entra in gioco nella fase di progettazione di un algoritmo di crittografia, con il compito di scovare all'interno di quest'ultimo eventuali punti deboli. In quest'ottica, gli algoritmi considerati più sicuri sono quelli il cui codice è pubblico, perché per vari anni sono stati oggetti di analisi e tentativi di rottura.

Altri algoritmi di crittografia, invece, associano il proprio grado di sicurezza alla segretezza degli algoritmi stessi, ma proprio per questo non vengono considerati sicuri al pari di quelli resi pubblici: il codice può infatti nascondere dei bug, in sostanza, dei difetti software di tipo funzionale, la cui scoperta rende inefficace l'algoritmo.

8.2 Tipi di attacchi da crittoanalisi

Gli attacchi fondamentali che possono essere perpetrati da parte di un crittoanalista sono solitamente di sei tipi. Qui di seguito li classificheremo in ordine crescente di qualità dell'informazione in possesso del crittoanalista:

- **Attacco ciphertext-only**: in questo caso il crittoanalista è in possesso del solo testo cifrato ottenibile facilmente analizzando i pacchetti in transito sulla rete. La possibilità di successo di questo tipo di attacco è molto remota e necessita di un'enorme quantità di dati cifrati.

- **Attacco known-plaintext**: il crittoanalista è in possesso del testo cifrato e del corrispondente testo in chiaro. Grazie a questo tipo di informazione è possibile risalire alla chiave segreta. Sebbene possa non servire in questo specifico caso, l'acquisizione della chiave segreta equivale a carpire il "modus operandi" di una determinata persona o azienda che usa crittografare i propri dati. Dal momento che di solito una stessa chiave viene utilizzata per diversi documenti e per un certo periodo di tempo, l'acquisizione della chiave equivale quindi a rendere vulnerabile anche altri testi cifrati.

- **Attacco chosen-plaintext**: partendo dalla scelta di un eventuale testo in chiaro, il crittoanalista calcola il testo cifrato con l'intenzione di ottenere la stessa sequenza di dati cifrati in suo possesso. In questo caso, il crittoanalista conosce per sommi capi quelli che potrebbero essere i contenuti del testo in chiaro. Tenta allora di crittografare questo probabile testo effettuando tanti tentativi fino a che non risulta simile al testo cifrato in suo possesso, modificando di volta in volta sia l'eventuale testo in chiaro sia la chiave di cifratura (non l'algoritmo in quanto si suppone sempre noto).

- **Attacco adaptive-chosen-plaintext**: è una variante dell'attacco di tipo chosen-plaintext che modifica la scelta del testo in chiaro sulla base del risultato dell'analisi effettuata in precedenza.

- **Attacco chosen-ciphertext**: al contrario dell'attacco chosen-plaintext, in questo caso il crittoanalista sceglie il testo cifrato con l'intenzione di decriptarlo ottenendo il testo in chiaro in suo possesso. Questo tipo di attacco è generalmente applicato in sistemi a chiave pubblica.

- **Attacco adaptive-chosen-ciphertext**: partendo sempre dal testo cifrato, la scelta di quest'ultimo viene modificata in base ai risultati dell'analisi precedente.

8.3 Tipologie di crittoanalisi

Esistono diverse tipologie di crittoanalisi, che equivalgono alle diverse modalità operative per decrittare.

Vediamo qui di seguito quelli principali.

- **Crittoanalisi statistica**: avviene attraverso lo studio della frequenza dei caratteri o sottostringhe del testo cifrato. Sulla base di questa frequenza, poi, si cerca di arrivare ad interpretare il testo in chiaro, considerando che c'è tutto uno studio sulle frequenze che ci dice che ci sono determinate lettere che in un contesto discorsivo appaiono statisticamente in maniera più frequente rispetto ad altre, quali ad esempio la lettera "a", la "e", la "s", e così via.

- **Brute force**: letteralmente forza bruta. Consiste nel calcolare tutte le possibili combinazioni di chiavi. Il metodo "forza bruta" è un algoritmo di risoluzione di un problema che consiste nel verificare tutte le soluzioni possibili fino a che non si trova quella effettivamente corretta.

Il metodo è anche noto come ricerca esaustiva della soluzione. In ambito crittoanalitico questo metodo si utilizza in genere per trovare la chiave di un sistema che utilizza un cifrario di cui non si conosca alcun attacco migliore. Nell'ambito della sicurezza informatica questo metodo si utilizza soprattutto per trovare la password di accesso ad un sistema.

La differenza principale tra attaccare una chiave crittografica e attaccare una password è che la prima è solitamente stata generata in modo totalmente casuale mentre una password, per la stessa natura di dover essere ricordata e inserita da esseri umani, è generalmente meno densa di informazioni e spesso semantica; quindi facile da individuare.

- **Man-in-the-middle**: sfruttando il sistema dei "key server"[10] un intruso può posizionarsi tra un mittente e destinatario e scambiare le loro chiavi pubbliche e privata. Cosa difficilissima. Oppure generare una chiave pubblica utilizzando nome ed e-mail non sue.

- **Crittoanalisi differenziale**: si analizzano le distanze numeriche dei caratteri del testo cifrato, con l'ausilio di sofisticate tecniche matematiche in unione a degli algoritmi molto veloci.

- **Crittoanalisi lineare**: è basata sullo studio a coppia di plain-text e cipher-text.

---

[10] Un key server è un sistema che si occupa di fornire, attraverso appositi programmi, chiavi crittografiche agli utenti che le richiedono.

9. I concetti fondamentali della steganografia

Il termine steganografia[11] si riferisce ad una tecnica elusiva della comunicazione che ha origini molto antiche. Ciò nonostante, è ancora poco conosciuto, anche se ultimamente è salito alla ribalta dopo gli attentati dell'11 settembre 2001 alle Torri Gemelle di New York[12].

Perché se ne è parlato a lungo dopo gli attentati? Perché sembra che i componenti della rete terroristica di Al-Qaeda abbiano fatto largo uso della steganografia per comunicare tra loro e tramare attentati.

Ma entriamo nello specifico della steganografia.

---

[11] Maggiori informazioni sulla steganografia possono essere reperite sul libro "La steganografia da Erodoto a Bin Laden", dello stesso autore, acquistabile su Amazon.
[12] "Steganografia origini, tecniche e prospettive" – Articolo di Roberto Campesato, Andrea Sottoriva - Versione 0.7, 05 Febbraio, 2005 - (www.metalabs.org/hifi/docs/steganografia.ps)

Iniziamo col dire che la parola steganografia deriva dall'unione dei due vocaboli greci *stèganos* che vuol dire nascosto e *gràfein* che significa scrivere. Si tratta dunque di scrittura nascosta, o meglio ancora, l'insieme delle tecniche che consente a due o più persone di comunicare tra di loro in modo tale da nascondere l'esistenza della comunicazione agli occhi di un eventuale osservatore.

Dobbiamo premettere che la steganografia viene di solito confusa con la crittografia. In realtà esiste una differenza ben precisa tra i due concetti. È bene dunque, prima di avventurarci nella lettura di questo libro, fare chiarezza sulla terminologia.

Mentre la crittografia, come abbiamo visto, è la tecnica mediante la quale un messaggio viene codificato affinché appaia incomprensibile a chi non possiede la chiave per decodificarlo, la steganografia è piuttosto l'arte di nascondere un messaggio all'interno di un contenitore o vettore, in apparenza insospettabile, così da rendere non tanto la decodifica del contenuto difficoltosa, quanto pressoché impossibile la sua stessa identificazione.

In definitiva, mentre lo scopo della crittografia è quello di nascondere il contenuto di un messaggio, la steganografia si prefigge invece di nasconderne l'esistenza.

Il suo utilizzo scaturisce dal fatto che in molte circostanze il solo uso della crittografia non è sufficiente. Si pensi per esempio a due persone che vengono sorprese a scambiarsi dei messaggi cifrati tra di loro: indipendentemente dal contenuto del messaggio, il solo fatto che vengano scambiati messaggi cifrati desta ovvi sospetti. Sorge quindi la necessità di utilizzare metodi alternativi per lo scambio di messaggi privati, quali appunto il nascondere il fatto che una qualsiasi forma di comunicazione sia avvenuta; parliamo dunque in quest'ultimo caso di steganografia.

Un esempio molto esplicativo riguardante l'utilizzo della steganografia è riportato in uno studio effettuato da Simmons nel 1983 dal titolo "Problema dei prigionieri"[13].

In particolare, si narra di Alice e Bob che sono in prigione e vogliono escogitare un piano per fuggire. C'è un problema però: tutte le loro comunicazioni sono tenute sotto stretta sorveglianza del guardiano Willie che ostacolerà il loro piano, trasferendoli in una prigione ad alta sicurezza, se dovesse individuare anche il minimo messaggio nascosto.

Come fare allora?

La soluzione per i due prigionieri, per riuscire nel loro intento, sembra essere quella che Alice deve essere in grado di mandare dei messaggi a Bob senza che la guardia possa insospettirsi. Devono quindi trovare un metodo per nascondere il loro testo cifrato all'interno di un testo apparentemente innocuo ed insospettabile. Sebbene questa tecnica possa risultare molto efficace, bisogna comunque tenere in considerazione che può funzionare con un avversario definito "passivo", ossia che non può modificare il messaggio contenitore e quindi neanche quello segreto nascosto al suo interno. Nascondere un messaggio però in modo tale che nemmeno un avversario "attivo" possa rimuoverlo è un problema ben più complesso.

Facciamo un esempio pratico.

Se la guardia non si limitasse a guardare i messaggi che si scambiano Alice e Bob, ma fosse in grado di alterarne anche alcune parti senza modificarne il significato, ecco che Bob non sarebbe più in grado di risalire al testo segreto originale di Alice. La guardia

---

[13] G. J. Simmons, "The prisoners' problem and the subliminal channel", in Advances in Cryptology: Proceedings of Crypto 83 (D. Chaum, ed.), pp. 51-67, - Plenum Press, 1984.

però non sa dove sia nascosto il segreto, quindi potrebbe solo cambiare la parte del messaggio dove pensa che vi sia nascosto qualcosa.

Questo è il punto: è proprio sull'insicurezza della guardia che deve basarsi Alice quando nasconde il testo segreto.

Tuttavia le sue origini non sono affatto recenti. Anzi, c'è stato un lungo percorso storico cosparso di varie tecniche steganografiche, dalle più semplici e banali a quelle originali e a dir poco geniali, che ci hanno condotto all'odierna steganografia.

In passato sono tante le tecniche utilizzate per eludere la comunicazione. Pensiamo all'utilizzo dell'inchiostro invisibile, ai vari metodi narrati da Erodoto, per arrivare ai metodi cinesi.

Ma torniamo al giorno d'oggi.

Il concetto teorico di steganografia non ha subito alcuna modificazione nel corso degli anni, pur essendo passata attraverso l'evoluzione tecnologica.

Oggi la steganografia consente di nascondere all'interno di file digitali, immagini o suoni che siano, ogni tipo di file o di messaggio segreto. Perché proprio in questo consiste la tecnica moderna: con l'ausilio di software particolari si prende un'immagine o un file audio e si estraggono alcune unità grafiche minime che la compongono, ossia alcuni pixel nel caso delle immagini digitali, e le si sostituiscono con dei dati, in genere lettere di testo, che andranno a comporre il messaggio che si vuol far passare.

Dal momento che certe immagini sono composte da milioni di pixel, la sostituzione di soltanto alcuni di essi non sarà apprezzabile ad occhio nudo ma, per leggere il messaggio, servirà uno dei tanti programmi reperibili online.

Il risultato è stupefacente: l'immagine originale e quella in cui è stato iniettato un altro file contenente un messaggio di testo, messe a confronto, sono perfettamente identiche, sia in termini di risoluzione grafica sia per quello che concerne il peso, ossia lo spazio occupato sulla memoria di massa.

Non solo. La steganografia oggi è pienamente coinvolta nelle questioni legate al diritto d'autore.

Vediamo alcuni esempi.[14]

Nel 1997 la rivista *Playboy* ha dato il via a una vera e propria rivoluzione per la difesa del copyright. Con l'ausilio di un software particolare, in tutte le foto di Playboy pubblicate su Internet è stata inserita una filigrana particolare detta *watermark*.

Con il termine *watermark*[15] (o *digital watermarking*) si indica una sorta di filigrana digitale destinata a "marcare" al proprio interno, come una vera e propria firma, determinati tipi di file immagine, prevalentemente allo scopo di contrassegnarne l'origine. È un efficace modo, quindi, attraverso il quale è possibile scoprire le eventuali violazioni del copyright. Questo vuol dire che, se qualcuno utilizza indebitamente l'immagine inserendola nel proprio sito, è immediatamente rintracciabile e può essere perseguito con maggiore facilità. Al tempo stesso è più semplice richiedere informazioni sul detentore dei diritti di una particolare immagine allo scopo di ottenerne l'autorizzazione a pubblicarla.

---

[14] Esempi tratti da:
www.repubblica.it/online/tecnologie_internet/steganografia/steganografia/steganografia.html

[15] - "Steganografia origini, tecniche e prospettive" – Articolo di Roberto Campesato, Andrea Sottoriva Verrsione 0.7, 05 Febbraio, 2005 (www.metalabs.org/hifi/docs/steganografia.ps

- "L'informatica per i Beni Culturali" - Articolo di Domenico Bennardi, 1999 http://freeweb.supereva.com/bennardi.freeweb/InfoBC.htm?p

Ma Playboy non è stato il solo a preoccuparsi di tutelare il proprio copyright attraverso l'uso di tecniche steganografiche.

L'IBM, per esempio, ha utilizzato il watermarking per digitalizzare le immagini del patrimonio artistico della Biblioteca Vaticana.

Ma come si è arrivati a questa decisione?

Si è partiti dalla considerazione che il compito primario di ogni biblioteca è quello di raccogliere, catalogare, conservare e tutelare il patrimonio che custodisce, per metterlo poi a disposizione di quanti desiderano usufruirne. Si pensi per esempio ad una biblioteca che conserva documenti unici e preziosi, per la cui consultazione arrivano richieste da tutto il mondo. Queste richieste possono essere soddisfatte con la spedizione per posta di fotocopie, microfilm o altri tipi di riproduzione fotografica; ma il tempo che passa dall'inoltro della richiesta dell'utente è di due, tre mesi e forse più.

Proprio di fronte a questi problemi si è trovata la Biblioteca Vaticana, una delle più preziose del mondo, fondata nel 1451 da Papa Niccolò V in pieno Umanesimo. Il tesoro della biblioteca è rappresentato da una collezione unica al mondo di 150.000 manoscritti antichi, oggetto di desiderio di studiosi di tutto il mondo. Da qui la necessità di un progetto, nato nel 1993, di archiviazione e distribuzione in formato digitale del patrimonio della Biblioteca Vaticana, a cui l'IBM ha fornito il supporto tecnologico.

Bisognava soprattutto ridurre i tempi, dai circa due mesi della distribuzione via posta ai pochi minuti del trasferimento della stessa informazione sotto forma di immagini digitali attraverso Internet. Indubbiamente questa rivoluzione tecnologica rappresenta un grande vantaggio, ma sarebbe riduttivo considerarlo come l'unico proveniente da un approccio digitale. Il vantaggio più significativo, infatti, è quello di rendere più vasta la platea di studiosi che possono accedere ai contenuti della Biblioteca. Inoltre, non bisogna sottovalutare i vantaggi apportati all'integrità e alla conservazione delle opere custodite.

Tecnicamente, come si è sottolineato, la distribuzione dell'informazione digitale rappresenta una migliore alternativa alla fotografia ed alla micro-filmatura.

Il microfilm tende, infatti, a degradarsi nel tempo, mentre le immagini digitali hanno un'esistenza senza tempo. L'unico inconveniente è rappresentato dal fatto che le immagini digitali potrebbero navigare in Rete senza la dovuta autorizzazione.

Ecco dunque che l'IBM ha introdotto il watermarking per salvaguardare il copyright delle opere. IBM ha messo inoltre a disposizione anche il software per la "marcatura": su ogni immagine, infatti, viene automaticamente impresso il logo della Biblioteca Vaticana.

L'obiettivo del progetto, di cui è terminata la fase avanzata di sperimentazione, era dunque quello di offrire un banco di prova per valutare la validità dell'approccio proposto: permettere l'accesso remoto alla parte più preziosa della Biblioteca Vaticana, prevalentemente, ma non solo, attraverso la distribuzione via Internet nella maniera più sicura possibile.

Il progetto è partito in via sperimentale mettendo a disposizione di dieci studiosi americani un primo lotto di 20.000 immagini, con la digitalizzazione di circa 60 manoscritti. Una scelta significativa è stata quella di aver privilegiato la qualità delle immagini acquisite. Per la conversione delle immagini è stato utilizzato uno scanner costruito nei laboratori di ricerca di IBM a Yorktown Heights, New York. Si tratta di un dispositivo che presenta un'alta fedeltà nella riproduzione geometrica e cromatica, in grado di riprodurre immagini digitali con una risoluzione fino a 3.000 x 4.000 pixel e a 16 milioni di colori.

Com'è ovvio immaginare, l'adozione di un livello di qualità delle immagini così elevato va a scapito della velocità di acquisizione, ma questa scelta è legata alla rapidità dei cambiamenti tecnologici, in vista quindi di strumentazioni hardware future in grado di leggere queste informazioni digitali.

Oggi, infatti, la trasmissione di immagini digitali è ancora limitata dalle infrastrutture di Rete, contrariamente a quanto si spera accadrà fra qualche anno.

Anche le case discografiche si stanno attrezzando con tecniche steganografiche per proteggere i propri prodotti. Sono tanti i soldi spesi dall'industria discografica negli ultimi anni per mettere a punto una tecnologia per proteggere i CD dai temibili masterizzatori e dagli MP3. Gli ultimi tentativi, tra l'altro poco efficaci, consistono in un tipo di CD che si può solo ascoltare in un lettore CD musicale e non nel computer; in quest'ultimo caso il CD verrebbe riconosciuto come difettoso.

Tuttavia, l'unico risultato del piano è stato quello di irritare i clienti. Il problema per le case discografiche è che le loro barriere anti copiatura sono difficili da abbattere, ma basta anche solo una persona che ci riesca perché la canzone inizi a circolare indisturbata su Internet.

Negli ultimi tempi le case discografiche, le società di software e gli studi cinematografici, hanno cercato di promuovere tra i costruttori di computer un sistema per proteggere i propri diritti d'autore. L'iniziativa non è andata a buon fine; tra i motivi c'è il fatto che i costruttori si sono dimostrati preoccupati dei risultati in termini di vendite.

L'ultimo tentativo è di tipo legale. La RIAA, l'associazione che riunisce le grandi case discografiche degli Stati Uniti, l'equivalente americano della nostra SIAE, ha cercato di far approvare una legge per consentire alle case discografiche di essere "presenti" nei computer collegati a Internet per cancellare le canzoni pirata. La legge non è passata ai voti.

Convincere gli internauti: la pirateria è vietata. Questa, in teoria, è forse uno dei metodi più efficaci per lottare contro il fenomeno della pirateria.

Non si può non menzionare, a questo punto, il caso SDMI (Secure Digital Music Initiative). Il forum, composto da più di 160 società ed associazioni provenienti da settori differenti, aveva annunciato alcuni mesi fa la realizzazione di un sistema, prodotto dall'azienda californiana "Verance", volto a prevenire la pirateria musicale attraverso mezzi elettronici. L'elemento centrale era una specie di pellicola virtuale, detta appunto watermark, la quale andava ad "avvolgere" il file Mp3 da proteggere e forniva le informazioni sul copyright ai lettori o registratori Mp3 senza che venisse ravvisato alcun decadimento qualitativo del suono.

Si tratta in definitiva di un'applicazione software che fissa indelebilmente sui file musicali una sorta di "sovrimpressione", impercettibile, che li rende riconoscibili al fine di tutelarne il copyright: un marchio che veicola informazioni sul prodotto e ne rende possibile l'uso solo a certe condizioni. Tali dispositivi avrebbero dovuto rifiutarsi di copiare certi brani, secondo quanto riportato dal watermark da essi contenuto.

Ma tutto ciò non è successo. Come mai?

Edward Felten, docente di informatica a Princeton, una delle università più prestigiose degli Stati Uniti, ha condotto una ricerca su questo sistema di sicurezza digitale scoprendone la vulnerabilità. Il ricercatore e la sua equipe sostengono di aver analizzato i file "marchiati" e di essere riusciti a modificarli facendo in modo che il watermark non fosse più rintracciabile e mantenendo, al tempo stesso, una qualità sonora soddisfacente.

Il problema è che se pubblica i risultati della ricerca rischia una denuncia perché una legge federale degli Stati Uniti, la Digital millennium copyright act (Dmca) del 1998, vieta di divulgare informazioni che possano favorire la manomissione dei sistemi informatici e la violazione dei diritti d'autore, e le industrie interessate potrebbero, quindi, intentare un'azione legale nei suoi confronti.

Non mancano infine i "creativi" della steganografia. Il pittore Thomas Kinkade si dice che firmi le tirature più pregiate dei suoi quadri usando inchiostri mescolati al DNA del proprio sangue. In questo modo, in caso di controversie legali legate all'autenticità delle sue opere, può far valere le sue ragioni e veder riconosciuti i propri diritti d'autore.

È un dato di fatto dunque che la steganografia sta prendendo sempre più piede nella società moderna.

Conclusioni

Siamo giunti alla conclusione di questo viaggio, breve e concreto di proposito, per meglio concentrarsi su pochi concetti, ma chiari e comprensibili a tutti. Ovviamente, gli argomenti trattati sono per certi versi molto interessanti e intriganti. Per cui, ora che avete acquisito le conoscenze di base, potete approfondire quegli argomenti che ritenete più interessanti e intriganti, alcuni dei quali sono stati già trattati dal sottoscritto su altri libri che hanno in comune con questo la chiarezza espositiva.

Spero questo libro sia stato di vostro gradimento, e che soprattutto abbia raggiunto il suo scopo di far comprendere la sicurezza informatica ad ampio raggio.

Grazie per aver posato lo sguardo su questo testo.

Nicola Amato

Bibliografia

N. AMATO, *Guida alle strategie di backup dei dati,* Amazon Independently Published, 2022;

N. AMATO, *La steganografia da Erodoto a Bin Laden,* Amazon Independently Published, 2016;

N. AMATO., *Manuale della comunicazione multimediale,* Amazon Independently Published, 2016;

N. AMATO, *Storia della Crittografia Classica - Lo straordinario percorso storico dei sistemi crittografici dagli albori della civiltà sino al secondo dopoguerra,* Amazon Independently Published, 2019;

D. BENNARDI, L'informatica per i Beni Culturali, Articolo su http://freeweb.supereva.com/bennardi.freeweb/InfoBC.htm?p;

P. BONAVOGLIA, *La Crittografia da Atbash a RSA,* su http://www.crittologia.eu/ (ultima visita il 02/04/2022);

R. CAMPESATO, A. SOTTORIVA, *Steganografia origini, tecniche e prospettive,* Articolo su http://www.metalabs.org/;

CYBERSECURITY360, *Penetration test, cos'è, come funziona e a che serve*, Articolo su https://www.cybersecurity360.it/soluzioni-aziendali/penetration-test-cose-come-funziona-e-a-che-serve/ (Ultima visita il 02/04/2022);

CYBERSECURITY360, *Vulnerability Assessment: cos'è e come farlo per mettere al sicuro i dati aziendali*, Articolo su https://www.cybersecurity360.it/soluzioni-aziendali/vulnerability-assessment-cose-e-come-farlo-per-mettere-al-sicuro-i-dati-aziendali/ (Ultima visita il 02/04/2022);

IBM, *La sicurezza delle informazioni nell'era del Web 2.0*, Articolo su http://www.ibm.com (ultima visita il 04/12/2013);

R. SARACCO, *Tecnologia e Comunicazione: uno sguardo all'evoluzione dei Paradigmi,* Storia e Futuro- Rivista di storia e storiografia n. 2, 2013;

G. J. SIMMONS, T*he prisoners' problem and the subliminal channel*, Articolo su Advances in Cryptology: Proceedings of Crypto 83 (D. Chaum, ed.), pp. 51-67, - Plenum Press, 1984;

http://areeweb.polito.it/didattica/polymath (ultima visita il 04/12/2013);

http://www.nsa.gov/gallery/ (ultima visita il 04/12/2013);

http://telemat.det.unifi.it/book/1997/cryptography/ (ultima visita il 06/12/2013).

Informazioni sull'autore

 É sempre difficile descrivere se stessi, forse perché ci si vede sempre da una sola angolazione. Si rischia pertanto di essere troppo faziosi, sia in negativo che in positivo. Io poi, sono sempre un poco restìo a parlare di me stesso, chiuso probabilmente in quella gabbia culturale fatta di riservatezza e discrezione o, come dicono gli anglofoni, "low profile".

Comprendo comunque che si rende necessario farlo in questo contesto, in quanto è giusto e corretto nei confronti dei lettori far sapere loro con chi si ha a che fare quando si legge un libro.

Eccomi dunque. Tralasciando gli studi fatti, si tratta di normalissimi corsi universitari e post laurea, approdo alle mie passioni: la comunicazione, la scrittura, il diritto e l'ICT.

Sono scrittore di romanzi e di saggi, tecnologo della comunicazione audiovisiva e multimediale, con elevate competenze professionali nel campo informatico, e con una comprovata pluriennale esperienza di lavoro nel settore IT e ICT in ambito internazionale. Inoltre, sono stato docente universitario presso la facoltà di scienze della comunicazione dell'università Insubria di Varese della materia "Scritture Segrete", che comprendeva principalmente argomenti di insegnamento come la steganografia, la crittografia e tutte le altre tecniche elusive della comunicazione. Tuttora sono docente universitario all'università di Alberta in Canada, dove insegno online entrambe le materie "Database Design for Information Management" e "Metadata".

Grazie per aver posato lo sguardo su questo libro, il quale spero sia stato di vostro gradimento.

Vi invito a visitare la mia pagina Facebook

www.facebook.com/nicola.amato.scrittore

Date un'occhiata anche al mio blog, dove potrete conoscere altri miei lavori letterari, oltre che mettervi in contatto con me:

nicola-amato.blogspot.it

Questi che seguono sono invece i libri che ho pubblicato ultimamente e che potete trovare sia in formato e-book e sia cartaceo sul sito:

www.amazon.it/Nicola-Amato/e/B0058FNDFQ/

Romanzi

- Un amore contrastato
- La Bibbia del Diavolo
- Il mistero del tesoro nascosto
- Stalking letale

- Loschi affari nella ricerca sul cancro: L'apoptosi indotta

- Fenomeni dell'aldilà

- Il clochard

- Il segreto del castello di Copernico

Saggi

- Guida alle strategie di backup dei dati

- Storia della Crittografia Classica

- La steganografia da Erodoto a Bin Laden: Viaggio attraverso le tecniche elusive della comunicazione

- La sicurezza delle informazioni nel contesto evolutivo del binomio comunicazione-informatica

- La disciplina giuridica dell'informatica forense nell'era del cloud

- Manuale della comunicazione multimediale: Come comunicare in maniera efficace con i prodotti multimediali

- L'evoluzione giuridica della responsabilità medica

- Profili giuridici dei reati di falsa testimonianza e di frode processuale

- Come interpretare il linguaggio del corpo durante la fase del corteggiamento

- Come scrivere un romanzo di qualità

- Piero Angela: Come puntare alla più alta soglia dei contenuti con la più semplice soglia del linguaggio

www.ingramcontent.com/pod-product-compliance
Lightning Source LLC
Chambersburg PA
CBHW051113050326
40690CB00006B/778